COOL MATH GAMES
FOR FIRST GRADE
by
Maisy Day

batchofbooks.com

This book was created to aid young mathematicians learn and practice their math skills. Batch of Books grants teachers the right to photocopy pages from this book for classroom use. No other part of this book may be reproduced in whole or in part or stored in a retrieval system. No part of this book may be transmitted in any form or by any means including electronic, mechanical, recording, photocopying, or any other means for commercial purposes or distribution without written consent from the author.

To contact the author about permissions, send an email to reviewkidsbooks@gmail.com.

ISBN: 978-1-955731-00-3

Text copyright © 2021 Dena McMurdie. All rights reserved.

Published by Batch of Books.

Interior design and cover design by Dena McMurdie.

Cover art by Kakigori, fontgraf, and Dena McMurdie.

First printing, May 2021.

TABLE OF CONTENTS

Addition 4

Place Value 22

Subtraction 24

Addition & Subtraction 40

Shapes 46

Telling Time 70

Counting by 2, 5, & 10 78

Money 84

Picture Credits 93

Answer Key 94

ADDITION

Use this key to solve the riddles on this page. The first one is done for you.

3 = R	9 = N	11 = E	16 = U	18 = D
6 = I	10 = S	12 = T	17 = F	20 = O

Why didn't the teddy bear want dessert?

Because, she was...

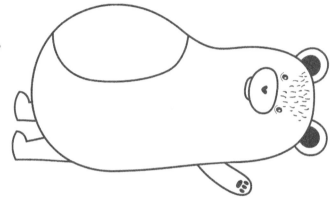

$$\frac{S}{\begin{array}{c}2\\+8\end{array}} \quad \frac{}{\begin{array}{c}5\\+7\end{array}} \quad \frac{}{\begin{array}{c}12\\+4\end{array}} \quad \frac{}{\begin{array}{c}15\\+2\end{array}} \quad \frac{}{\begin{array}{c}10\\+7\end{array}} \quad \frac{}{\begin{array}{c}9\\+2\end{array}} \quad \frac{}{\begin{array}{c}3\\+15\end{array}}$$

10

What do you call a sleeping dinosaur?

A...

$$\frac{}{\begin{array}{c}12\\+6\end{array}} \quad \frac{}{\begin{array}{c}3\\+3\end{array}} \quad \frac{}{\begin{array}{c}3\\+6\end{array}} \quad \frac{}{\begin{array}{c}10\\+10\end{array}}$$

$$\frac{}{\begin{array}{c}3\\+7\end{array}} \quad \frac{}{\begin{array}{c}8\\+1\end{array}} \quad \frac{}{\begin{array}{c}12\\+8\end{array}} \quad \frac{}{\begin{array}{c}1\\+2\end{array}} \quad \frac{}{\begin{array}{c}3\\+8\end{array}}$$

ADDITION

Use this key to solve the riddles on this page.

2 = W	8 = I	13 = E	16 = F
5 = A	9 = V	14 = Y	19 = T
6 = S	11 = M	15 = L	

Why did the boy throw the clock out the window?

Because, he wanted to see...

```
___    ___    ___    ___
 10     4      5      7
+ 9    + 4    + 6    + 6
```

```
___    ___    ___
 14     7      8
+ 2    + 8    + 6
```

How do you know that the ocean is friendly?

Because, it...

```
___    ___    ___    ___    ___
  1      2      8     11      2
+ 1    + 3    + 1    + 2    + 4
```

ADDITION

Use this key to solve the riddles on this page.

2 = C	9 = O	12 = P	18 = W
6 = N	10 = H	14 = R	

What did the baby corn say to the mama corn?

Where is...

```
____   ____   ____
  6      4      2
+ 6    + 5    +10
```

```
____   ____   ____   ____
  1      3      9      2
+ 1    + 6    + 5    + 4
```
?

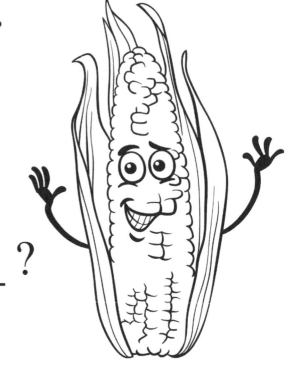

What did the wolf say when he stubbed his toe?

```
____   ____   ____   ____   ____   ____
  8     15      8      6      1      2
+ 1    + 3    +10    +12    +1     +8
```
!

ADDITION

Use this key to solve the riddles on this page.

3 = W	8 = T	14 = U	19 = O
4 = B	10 = I	16 = S	20 = N
7 = R	13 = D	17 = G	

How do you talk to a giant?

You have to use...

```
___   ___   ___
 3     7     5
+1    +3   +12
```

```
___   ___   ___   ___   ___
 1    11     3     7    10
+2    +8    +4    +6    +6
```

How do you make friends with a squirrel?

Act like a...

```
___   ___   ___
15     7     5
+5    +7    +3
```

ADDITION

Use this key to solve the riddles on this page.

4 = T	8 = C	11 = U	14 = N	19 = K
5 = B	10 = R	13 = S	17 = Z	

What kind of haircut did the bee ask for?

A...

__	__	__	__
1	7	15	9
+4	+4	+2	+8

__	__	__
6	3	3
+2	+8	+1

Where do elephants pack their clothes?

In their...

__	__	__	__	__	__
2	1	3	6	11	7
+2	+9	+8	+8	+8	+6

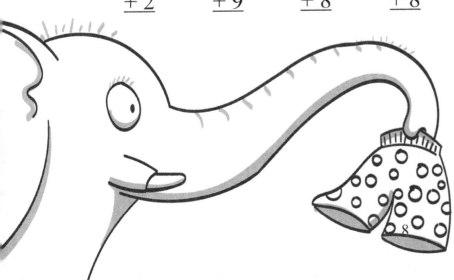

ADDITION

Use this key to solve the riddles on this page.

| 2 = N | 6 = H | 9 = M | 14 = E | 18 = R |
| 5 = Y | 7 = C | 11 = O | 15 = B | 20 = A |

Why do bees have sticky hair?

Because they use a...

__	__	__	__	__
3	10	1	7	1
+3	+1	+1	+7	+4

__	__	__	__
5	3	6	13
+2	+8	+3	+2

What is a pirate's favorite letter?

__	__	__	__
7	10	5	6
+13	+8	+13	+12

!

ADDITION

Use this key to solve the riddles on this page.

1 = P	8 = M	15 = I	19 = S
4 = N	11 = L	16 = E	20 = A
7 = C	12 = R	17 = G	

What do ghosts eat in the summer?

___
11
+ 4

___ ___ ___ ___ ___ ___
13   3   11   7   14   1
+6   +4   +1   +9   +6   +7

What is a witch's favorite subject in school?

___ ___ ___ ___ ___ ___ ___ ___
 2   1   8   3   5   7   1   7
+17 + 0 + 8 + 8 + 6 + 8 + 3 + 10

ADDITION

Use this key to solve the riddles on this page.

2 = Q	8 = C	13 = F	19 = W
3 = N	9 = L	14 = U	20 = A
6 = D	11 = O	17 = K	

What time do ducks wake up?

At the...

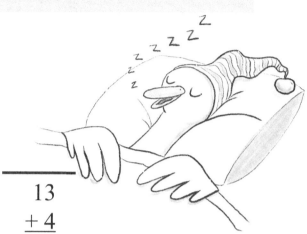

```
___     ___     ___     ___     ___
 1      11      10       6      13
+1      +3     +10      +2      +4
```

```
___     ___             ___     ___     ___     ___
 3       4               3      13       5       1
+8      +9              +3      +7     +14      +2
```

What do you call a fly with no wings?

A...

```
___     ___     ___     ___
11      19       5       6
+8      +1      +4     +11
```

11

ADDITION

Use the number key to find the answers on this page. Each letter has a number. Add up all the numbers for each word or phrase. For example:

$$2+1+2+4+1+2+1 = 13$$
$$S\ A\ W\ D\ U\ S\ T$$

A = 1	F = 5	K = 1	P = 3	U = 1	Z = 2
B = 2	G = 4	L = 2	Q = 5	V = 3	
C = 3	H = 3	M = 3	R = 4	W = 2	
D = 4	I = 2	N = 4	S = 2	X = 5	
E = 5	J = 1	O = 5	T = 1	Y = 4	

__ + __ + __ + __ =
W A N D

__ + __ + __ + __ + __ =
M A G I C

__ + __ + __ + __ + __ + __ =
W I Z A R D

ADDITION

Use the number key to find the answers on this page. Each letter has a number. Add up all the numbers for each word or phrase. For example:

$$2+1+2+4+1+2+1 = \mathbf{13}$$
S A W D U S T

A = 1	F = 5	K = 1	P = 3	U = 1	Z = 2
B = 2	G = 4	L = 2	Q = 5	V = 3	
C = 3	H = 3	M = 3	R = 4	W = 2	
D = 4	I = 2	N = 4	S = 2	X = 5	
E = 5	J = 1	O = 5	T = 1	Y = 4	

__+__+__+__+__+__=
P L A N E T

__+__+__+__+__=
S P A C E

__+__+__+__=
S T A R

ADDITION

Use the number key to find the answers on this page. Each letter has a number. Add up all the numbers for each word or phrase. For example:

$$2+1+2+4+1+2+1 = \mathbf{13}$$
$$\text{S A W D U S T}$$

A = 1	F = 5	K = 1	P = 3	U = 1	Z = 2
B = 2	G = 4	L = 2	Q = 5	V = 3	
C = 3	H = 3	M = 3	R = 4	W = 2	
D = 4	I = 2	N = 4	S = 2	X = 5	
E = 5	J = 1	O = 5	T = 1	Y = 4	

__+__+__+__+__=
B U N N Y

__+__+__=
D O G

__+__+__+__+__+__=
K I T T E N

ADDITION

Use the number key to find the answers on this page. Each letter has a number. Add up all the numbers for each word or phrase. For example:

$$2+1+2+4+1+2+1 = \mathbf{13}$$
$$\text{S A W D U S T}$$

A = 1	F = 5	K = 1	P = 3	U = 1	Z = 2
B = 2	G = 4	L = 2	Q = 5	V = 3	
C = 3	H = 3	M = 3	R = 4	W = 2	
D = 4	I = 2	N = 4	S = 2	X = 5	
E = 5	J = 1	O = 5	T = 1	Y = 4	

$$\underline{} + \underline{} + \underline{} =$$
$$\text{C O W}$$

$$\underline{} + \underline{} + \underline{} =$$
$$\text{P I G}$$

$$\underline{} + \underline{} + \underline{} + \underline{} =$$
$$\text{D U C K}$$

15

ADDITION

Use the number key to find the answers on this page. Each letter has a number. Add up all the numbers for each word or phrase. For example:

$$2+1+2+4+1+2+1 = \mathbf{13}$$
$$S\ A\ W\ D\ U\ S\ T$$

A = 1	F = 5	K = 1	P = 3	U = 1	Z = 2
B = 2	G = 4	L = 2	Q = 5	V = 3	
C = 3	H = 3	M = 3	R = 4	W = 2	
D = 4	I = 2	N = 4	S = 2	X = 5	
E = 5	J = 1	O = 5	T = 1	Y = 4	

__ + __ + __ =
B I G

__ + __ + __ + __ + __ + __ =
L I T T L E

__ + __ + __ + __ + __ + __ =
M E D I U M

ADDITION

Use the number key to find the answers on this page. Each letter has a number. Add up all the numbers for each word or phrase. For example:

$$2+1+2+4+1+2+1 = \mathbf{13}$$
$$S\ A\ W\ D\ U\ S\ T$$

A = 1	F = 5	K = 1	P = 3	U = 1	Z = 2
B = 2	G = 4	L = 2	Q = 5	V = 3	
C = 3	H = 3	M = 3	R = 4	W = 2	
D = 4	I = 2	N = 4	S = 2	X = 5	
E = 5	J = 1	O = 5	T = 1	Y = 4	

$$\overline{} + \overline{} = $$
$$U\ P$$

$$\overline{} + \overline{} + \overline{} + \overline{} = $$
$$D\ O\ W\ N$$

$$\overline{} + \overline{} + \overline{} + \overline{} + \overline{} = $$
$$U\ N\ D\ E\ R$$

ADDITION

Use the number key to find the answers on this page. Each letter has a number. Add up all the numbers for each word or phrase. For example:

$$2+1+2+4+1+2+1 = \mathbf{13}$$
S A W D U S T

A = 1	F = 5	K = 1	P = 3	U = 1	Z = 2
B = 2	G = 4	L = 2	Q = 5	V = 3	
C = 3	H = 3	M = 3	R = 4	W = 2	
D = 4	I = 2	N = 4	S = 2	X = 5	
E = 5	J = 1	O = 5	T = 1	Y = 4	

__+__+__=
F O X

__+__+__+__=
W O L F

__+__+__=
O W L

ADDITION

Use the number key to find the answers on this page. Each letter has a number. Add up all the numbers for each word or phrase. For example:

$$2+1+2+4+1+2+1 = \mathbf{13}$$
S A W D U S T

A = 1	F = 5	K = 1	P = 3	U = 1	Z = 2
B = 2	G = 4	L = 2	Q = 5	V = 3	
C = 3	H = 3	M = 3	R = 4	W = 2	
D = 4	I = 2	N = 4	S = 2	X = 5	
E = 5	J = 1	O = 5	T = 1	Y = 4	

__ + __ + __ + __ =
B L U E

__ + __ + __ + __ + __ + __ =
P U R P L E

__ + __ + __ + __ + __ =
G R E E N

ADDITION

Your turn! Write your name and use the number key to add up all the numbers. For example:

$$2+1+4+1+3 = \mathbf{11}$$
$$\text{S A R A H}$$

A = 1	F = 5	K = 1	P = 3	U = 1	Z = 2
B = 2	G = 4	L = 2	Q = 5	V = 3	
C = 3	H = 3	M = 3	R = 4	W = 2	
D = 4	I = 2	N = 4	S = 2	X = 5	
E = 5	J = 1	O = 5	T = 1	Y = 4	

Now try it with a family member's name:

ADDITION

Your turn! Pick a word and use the number key to add up all the numbers. See how many you can do. For example:

$$5+1+4+1+2 = \mathbf{13}$$
F A R T S

A = 1	F = 5	K = 1	P = 3	U = 1	Z = 2
B = 2	G = 4	L = 2	Q = 5	V = 3	
C = 3	H = 3	M = 3	R = 4	W = 2	
D = 4	I = 2	N = 4	S = 2	X = 5	
E = 5	J = 1	O = 5	T = 1	Y = 4	

PLACE VALUE

This hungry snake likes to eat numbers in the tens place. Can you circle all the tens place value numbers?

12 20 19

10 13 15

16 14 17

PLACE VALUE

This hungry giraffe likes to eat numbers in the ones place. Can you circle all the ones place value numbers?

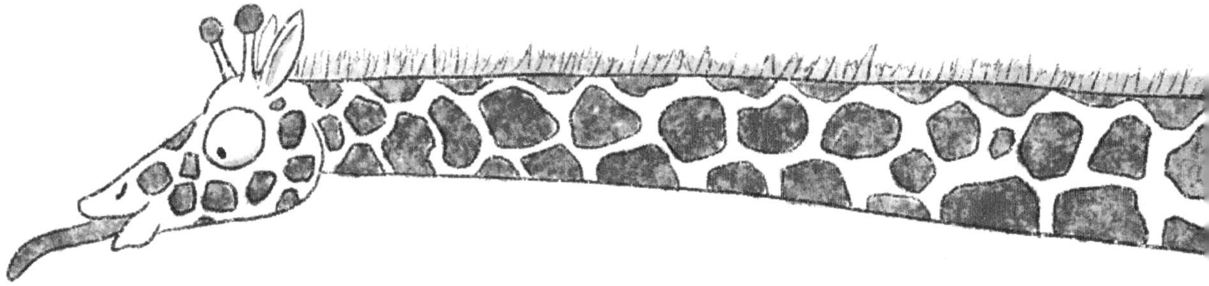

10   7   13

9   5   11

14   12   20

SUBTRACTION

Use this key to solve the riddles on this page.

5 = E	10 = R	12 = S	17 = Y	19 = O
9 = U	11 = L	16 = P	18 = A	

What is a cat's favorite color?

___	___	___	___	___	___	___
20	11	12	15	17	16	8
- 4	- 2	- 2	- 5	- 1	- 5	- 3

What did the beach say to the ocean?

Nice to...

___	___	___
16	10	19
- 4	- 5	- 1

___	___	___
19	20	12
- 2	- 1	- 3

SUBTRACTION

Use this key to solve the riddles on this page.

| 2 = R | 6 = I | 9 = F | 13 = P | 15 = L |
| 5 = D | 8 = U | 11 = E | 14 = O | |

What do dragons do before a game?

They get...

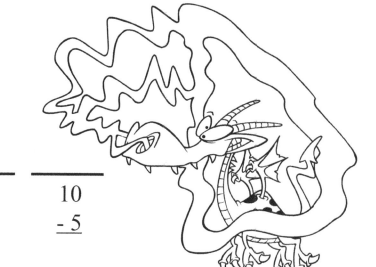

___	___	___	___	___
13	8	5	16	10
- 4	- 2	- 3	- 5	- 5

___	___
14	17
- 6	- 4

What do you get every birthday?

___	___	___	___	___
15	19	11	19	8
- 1	- 4	- 6	- 8	- 6

25

SUBTRACTION

Use this key to solve the riddles on this page.

1 = A	6 = S	10 = E	13 = W	18 = R
3 = D	8 = T	11 = F	16 = U	19 = G
5 = N	9 = L	12 = O	17 = H	

What did one toilet say to the other?

You look...

___	___	___	___	___	___	___
13	18	19	10	20	13	5
-2	-9	-3	-4	-3	-3	-2

What eats more than a dragon?

___	___	___
16	19	15
-8	-6	-3

___	___	___	___	___	___	___
8	19	4	20	14	7	10
-5	-1	-3	-1	-2	-2	-4

SUBTRACTION

Use this key to solve the riddles on this page.

2 = W	8 = O	13 = R	16 = S
5 = E	9 = T	14 = H	17 = U
6 = F	11 = M	15 = L	

What do you call a wolf who gets lost?

___	___	___	___	___
6	16	9	16	11
- 4	- 2	- 4	- 3	- 6

___	___	___	___
10	13	17	7
- 8	- 5	- 2	- 1

How do cats eat pizza?

With their...

___	___	___	___	___	___
15	14	20	12	18	18
- 4	- 6	- 3	- 3	- 4	- 2

27

SUBTRACTION

Use this key to solve the riddles on this page.

| 3 = N | 8 = O | 10 = E | 12 = I | 17 = G |
| 6 = Y | 9 = R | 11 = D | 16 = A | 18 = H |

What do you call a wolf's dentist?

___ ___ ___ ___ ___ ___

13   15   5   10   17   15
- 2   - 3   - 2   - 7   - 7   - 6

How do horses vote for a president?

With a...

___ ___ ___   ___ ___

13   19   8   9   14
- 7   - 3   - 2   - 1   - 5

___ ___ ___ ___ ___

10   20   18   19   20
- 7   - 10 - 6   - 2   - 2

SUBTRACTION

Use this key to solve the riddles on this page.

1 = U	5 = N	8 = T	12 = I	15 = O
2 = W	6 = A	9 = S	13 = H	16 = Q
3 = E	7 = R	11 = K	14 = Y	18 = C

When does a horse go to bed?

10	20	13	7	12	17
- 8	- 7	- 1	- 2	- 7	- 3

12	13	8	13	16	20	19
- 10	- 7	- 3	- 5	- 7	- 12	- 4

What do ducks put in their soup?

20	4	9	19	15	11	10	11
- 4	- 3	- 3	- 1	- 4	- 8	- 3	- 2

SUBTRACTION

Use this key to solve the riddles on this page.

| 1 = A | 6 = L | 9 = O | 11 = R | 14 = F | 17 = S |
| 3 = D | 7 = B | 10 = E | 12 = G | 16 = N | 18 = U |

What do whales use for money?

```
___  ___  ___  ___
 19    9   18    9
- 2  - 8  - 2  - 6
```

```
___  ___  ___  ___  ___  ___  ___
 11   10   10   13    5   20   18
- 8  - 1  - 4  - 7  - 4  - 9  - 1
```

What do you call a cow with no legs?

```
___  ___  ___  ___  ___  ___
 14   12   14   20   19   17
- 2  - 1  - 5  - 2  - 3  - 14
```

```
___  ___  ___  ___
 20   18   11   18
-13  - 8  - 1  - 4
```

30

SUBTRACTION

Use this key to solve the riddles on this page.

| 2 = N | 6 = E | 9 = A | 13 = Z | 15 = O |
| 5 = Y | 8 = B | 11 = R | 14 = H | 16 = U |

What do you get when you cross a rabbit with a bee?

A...

___	___	___	___	___
19	17	18	7	10
- 5	- 2	- 16	- 1	- 5

___	___	___	___	___
12	20	6	4	13
- 4	- 4	- 4	- 2	- 8

What's black and white and eats like a unicorn?

A...

___	___	___	___	___
16	10	14	15	20
- 3	- 4	- 6	- 4	- 11

31

SUBTRACTION

Use the number key to find the answers on this page. Each letter has a number. Starting with the number 20, subtract all the numbers for each word or phrase. For example:

$$20-2-1-2-4-1-2-1 = 7$$
S A W D U S T

A = 1	F = 5	K = 1	P = 3	U = 1	Z = 2
B = 2	G = 4	L = 2	Q = 5	V = 3	
C = 3	H = 3	M = 3	R = 4	W = 2	
D = 4	I = 2	N = 4	S = 2	X = 5	
E = 5	J = 1	O = 5	T = 1	Y = 4	

20 - __ - __ - __ - __ =
   W O L F

20 - __ - __ - __ =
   B A T

20 - __ - __ - __ =
   F O X

SUBTRACTION

Use the number key to find the answers on this page. Each letter has a number. Starting with the number 20, subtract all the numbers for each word or phrase. For example:

$$20-2-1-2-4-1-2-1 = 7$$
S A W D U S T

A = 1	F = 5	K = 1	P = 3	U = 1	Z = 2
B = 2	G = 4	L = 2	Q = 5	V = 3	
C = 3	H = 3	M = 3	R = 4	W = 2	
D = 4	I = 2	N = 4	S = 2	X = 5	
E = 5	J = 1	O = 5	T = 1	Y = 4	

20 - __ - __ - __ - __ - __ =
     W I T C H

20 - __ - __ - __ =
     C A T

20 - __ - __ - __ - __ - __ =
     S P E L L

SUBTRACTION

Use the number key to find the answers on this page. Each letter has a number. Starting with the number 20, subtract all the numbers for each word or phrase. For example:

$$20-2-1-2-4-1-2-1 = 7$$
$$\text{S A W D U S T}$$

A = 1	F = 5	K = 1	P = 3	U = 1	Z = 2
B = 2	G = 4	L = 2	Q = 5	V = 3	
C = 3	H = 3	M = 3	R = 4	W = 2	
D = 4	I = 2	N = 4	S = 2	X = 5	
E = 5	J = 1	O = 5	T = 1	Y = 4	

20 - __ - __ - __ - __ - __ =
   H   O   U   S   E

20 - __ - __ - __ - __ =
   B   A   R   N

20 - __ - __ - __ - __ =
   S   H   E   D

SUBTRACTION

Use the number key to find the answers on this page. Each letter has a number. Starting with the number 20, subtract all the numbers for each word or phrase. For example:

$$20-2-1-2-4-1-2-1 = 7$$
S A W D U S T

A = 1	F = 5	K = 1	P = 3	U = 1	Z = 2
B = 2	G = 4	L = 2	Q = 5	V = 3	
C = 3	H = 3	M = 3	R = 4	W = 2	
D = 4	I = 2	N = 4	S = 2	X = 5	
E = 5	J = 1	O = 5	T = 1	Y = 4	

$$20 - \underline{} - \underline{} - \underline{} - \underline{} - \underline{} =$$
S K U N K

$$20 - \underline{} - \underline{} - \underline{} - \underline{} =$$
D E E R

$$20 - \underline{} - \underline{} - \underline{} - \underline{} =$$
B E A R

SUBTRACTION

Use the number key to find the answers on this page. Each letter has a number. Starting with the number 20, subtract all the numbers for each word or phrase. For example:

$$20 - 2 - 1 - 2 - 4 - 1 - 2 - 1 = 7$$
S A W D U S T

A = 1	F = 5	K = 1	P = 3	U = 1	Z = 2
B = 2	G = 4	L = 2	Q = 5	V = 3	
C = 3	H = 3	M = 3	R = 4	W = 2	
D = 4	I = 2	N = 4	S = 2	X = 5	
E = 5	J = 1	O = 5	T = 1	Y = 4	

20 - __ - __ - __ - __ - __ - __ =
     S Q U A R E

20 - __ - __ - __ - __ - __ - __ =
     C I R C L E

20 - __ - __ - __ - __ =
     O V A L

SUBTRACTION

Use the number key to find the answers on this page. Each letter has a number. Starting with the number 20, subtract all the numbers for each word or phrase. For example:

$$20-2-1-2-4-1-2-1 = 7$$
S A W D U S T

A = 1	F = 5	K = 1	P = 3	U = 1	Z = 2
B = 2	G = 4	L = 2	Q = 5	V = 3	
C = 3	H = 3	M = 3	R = 4	W = 2	
D = 4	I = 2	N = 4	S = 2	X = 5	
E = 5	J = 1	O = 5	T = 1	Y = 4	

20 - __ - __ - __ - __ - __ =
P I Z Z A

20 - __ - __ - __ - __ =
T A C O

20 - __ - __ - __ - __ - __ =
D R I N K

SUBTRACTION

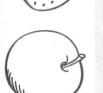

Use the number key to find the answers on this page. Each letter has a number. Starting with the number 20, subtract all the numbers for each word or phrase. For example:

$$20-2-1-2-4-1-2-1 = 7$$
$$S\ A\ W\ D\ U\ S\ T$$

A = 1	F = 5	K = 1	P = 3	U = 1	Z = 2
B = 2	G = 4	L = 2	Q = 5	V = 3	
C = 3	H = 3	M = 3	R = 4	W = 2	
D = 4	I = 2	N = 4	S = 2	X = 5	
E = 5	J = 1	O = 5	T = 1	Y = 4	

20 - __ - __ - __ - __ - __ =
A P P L E

20 - __ - __ - __ - __ - __ =
G R A P E

20 - __ - __ - __ - __ - __ =
B E R R Y

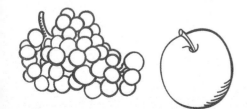

SUBTRACTION

Use the number key to find the answers on this page. Each letter has a number. Starting with the number 20, subtract all the numbers for each word or phrase. For example:

$$20-2-1-2-4-1-2-1=7$$
$$S\ A\ W\ D\ U\ S\ T$$

A = 1	F = 5	K = 1	P = 3	U = 1	Z = 2
B = 2	G = 4	L = 2	Q = 5	V = 3	
C = 3	H = 3	M = 3	R = 4	W = 2	
D = 4	I = 2	N = 4	S = 2	X = 5	
E = 5	J = 1	O = 5	T = 1	Y = 4	

$$20 - \underline{\ \ } - \underline{\ \ } - \underline{\ \ } - \underline{\ \ } - \underline{\ \ } = $$
$$T\ R\ U\ C\ K$$

$$20 - \underline{\ \ } - \underline{\ \ } - \underline{\ \ } = $$
$$V\ A\ N$$

$$20 - \underline{\ \ } - \underline{\ \ } - \underline{\ \ } = $$
$$C\ A\ R$$

ADDITION & SUBTRACTION

Fill in the missing numbers. The first two are done for you.

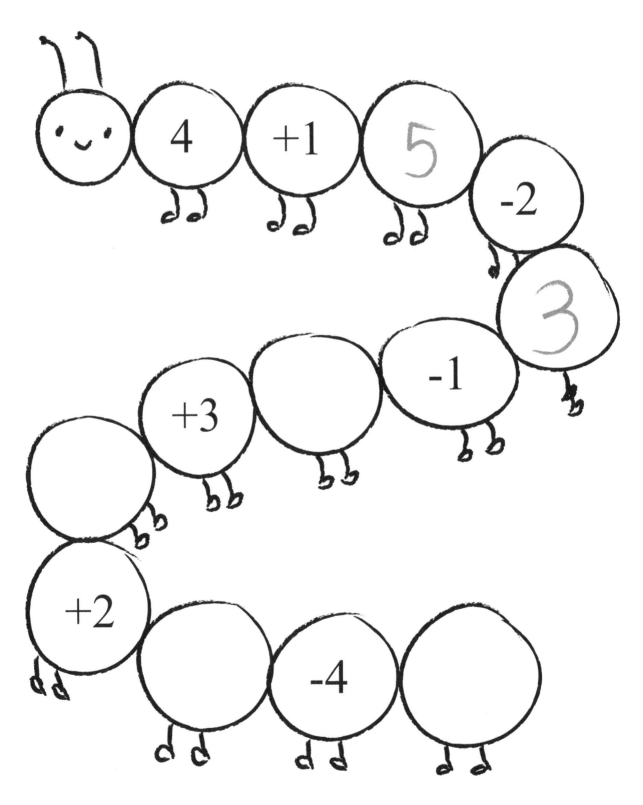

ADDITION & SUBTRACTION

Fill in the missing numbers. The first two are done for you.

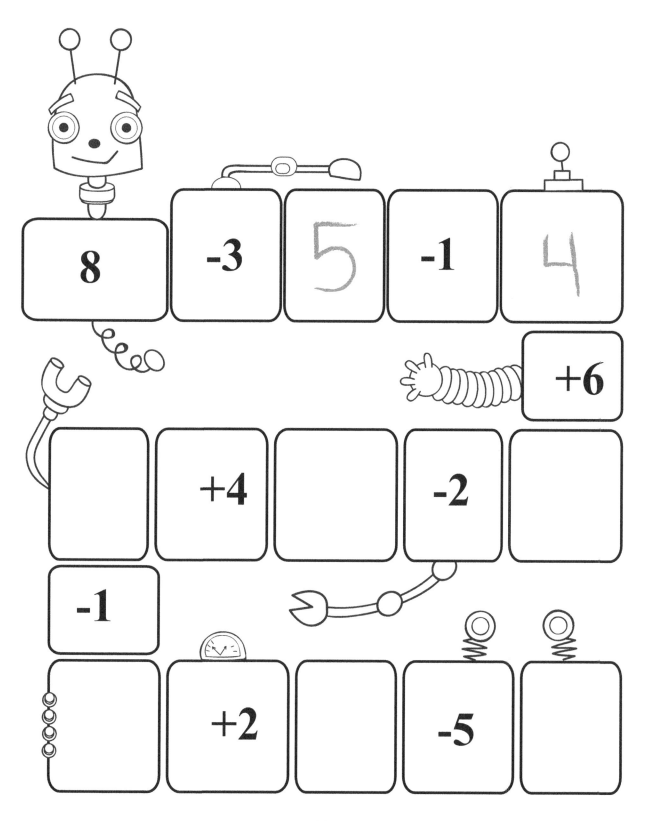

ADDITION & SUBTRACTION

Fill in the missing numbers. The first one is done for you.

42

ADDITION & SUBTRACTION

Fill in the missing numbers. The first two are done for you.

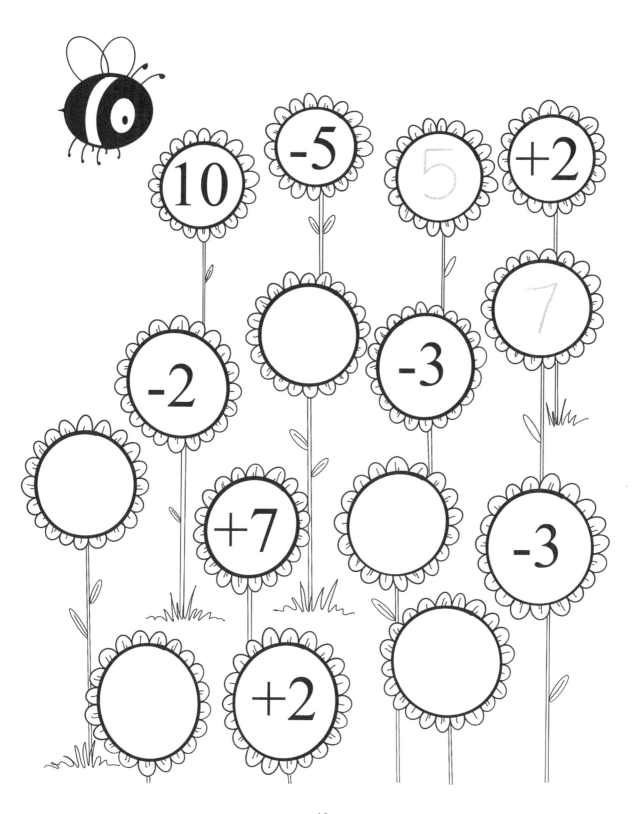

ADDITION & SUBTRACTION

Fill in the missing numbers.

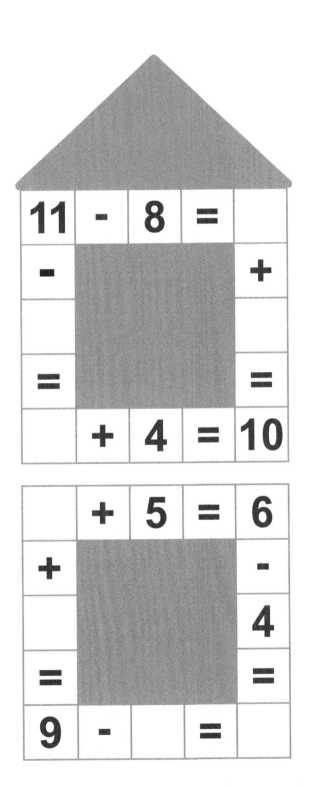
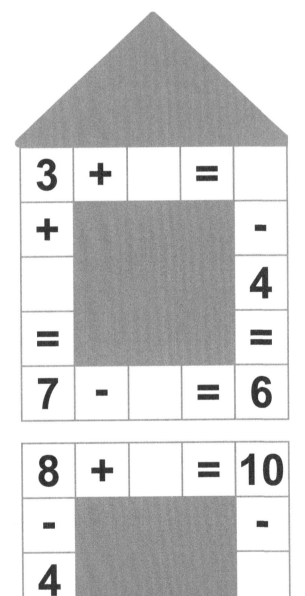

ADDITION & SUBTRACTION

Fill in the missing numbers.

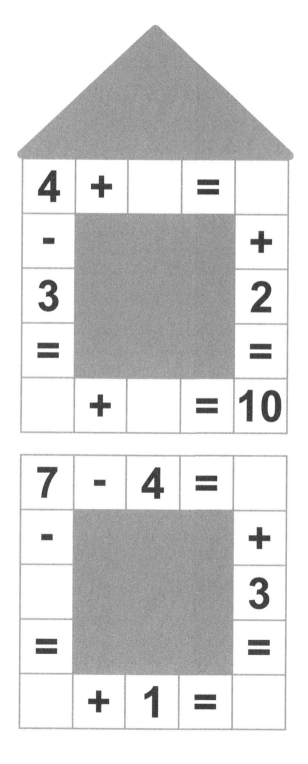

SHAPES

What you need to play:

2 dice

1 small candy or object for each person playing.

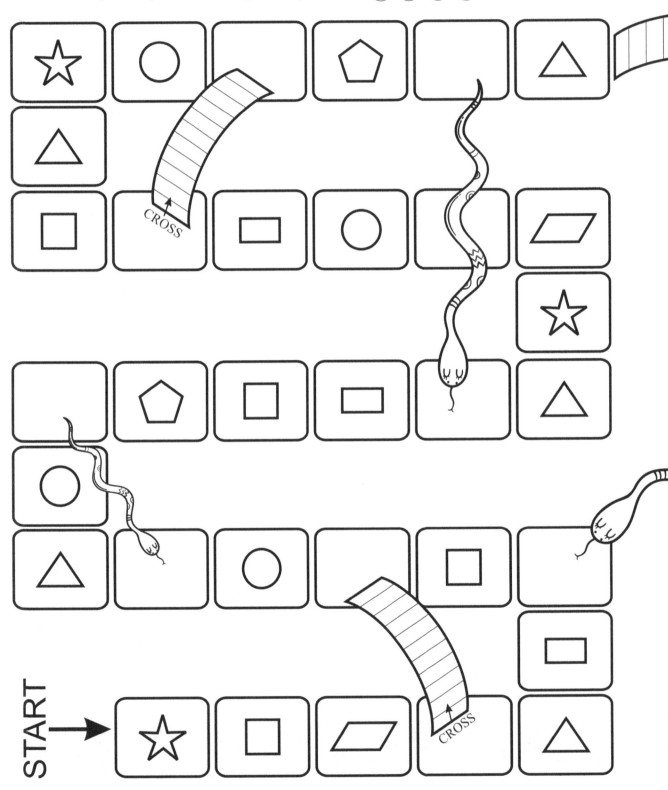

SHAPES

How to play:
1. Roll the dice.
2. Add them up.
3. Move your candy that number of spaces.
4. Collect shapes along the way.
5. Cross bridges and slide down snakes.
6. First person to the end wins!
7. Write the number of shapes you collected on the next page.

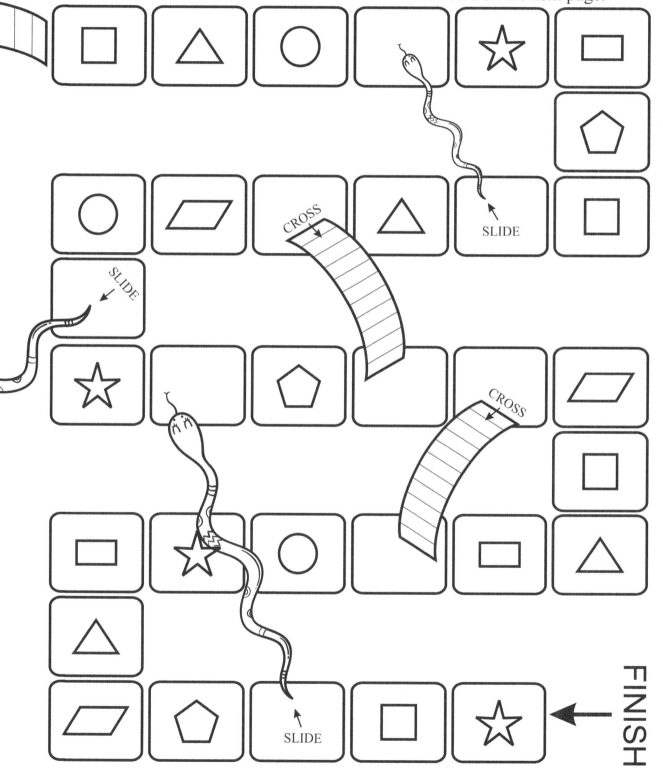

SHAPES

Use this page to record how many of each shape you collected in the game on the previous page.

GAME 1:

How many circles? _____

How many triangles? _____

How many squares? _____

How many rectangles? _____

How many stars? _____

How many rhombuses? _____

How many pentagons? _____

GAME 2:

How many circles? _____

How many triangles? _____

How many squares? _____

How many rectangles? _____

How many stars? _____

How many rhombuses? _____

How many pentagons? _____

GAME 3:

How many circles? _____

How many triangles? _____

How many squares? _____

How many rectangles? _____

How many stars? _____

How many rhombuses? _____

How many pentagons? _____

GAME 4:

How many circles? _____

How many triangles? _____

How many squares? _____

How many rectangles? _____

How many stars? _____

How many rhombuses? _____

How many pentagons? _____

GAME 5:

How many circles? _____

How many triangles? _____

How many squares? _____

How many rectangles? _____

How many stars? _____

How many rhombuses? _____

How many pentagons? _____

GAME 6:

How many circles? _____

How many triangles? _____

How many squares? _____

How many rectangles? _____

How many stars? _____

How many rhombuses? _____

How many pentagons? _____

CUT & GLUE

COLOR CUT OUT GLUE

1 2 3

CUT & GLUE

COLOR CUT OUT GLUE

1 2 3

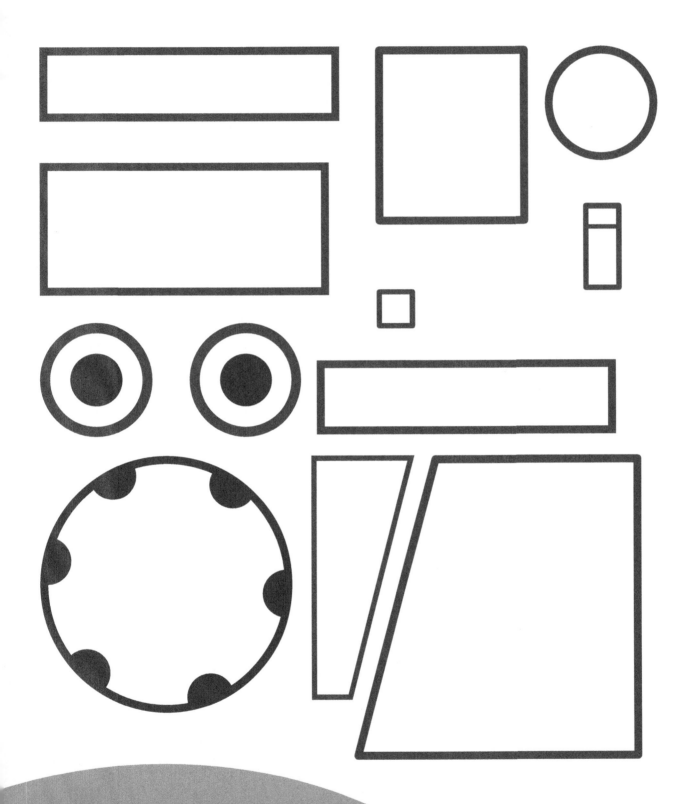

CUT & GLUE

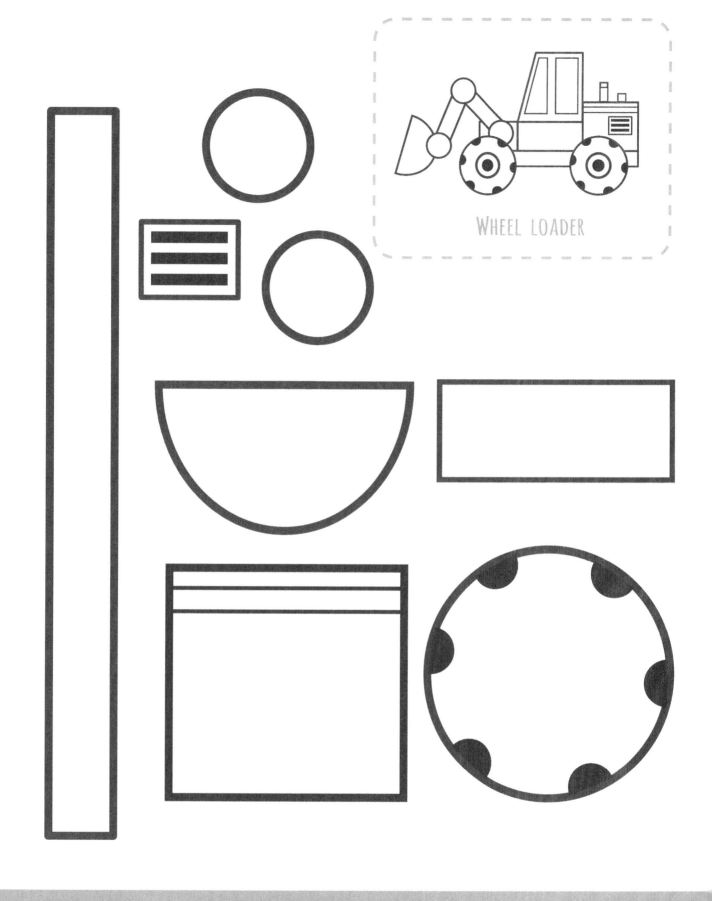

WHEEL LOADER

COLOR CUT OUT GLUE

1 2 3

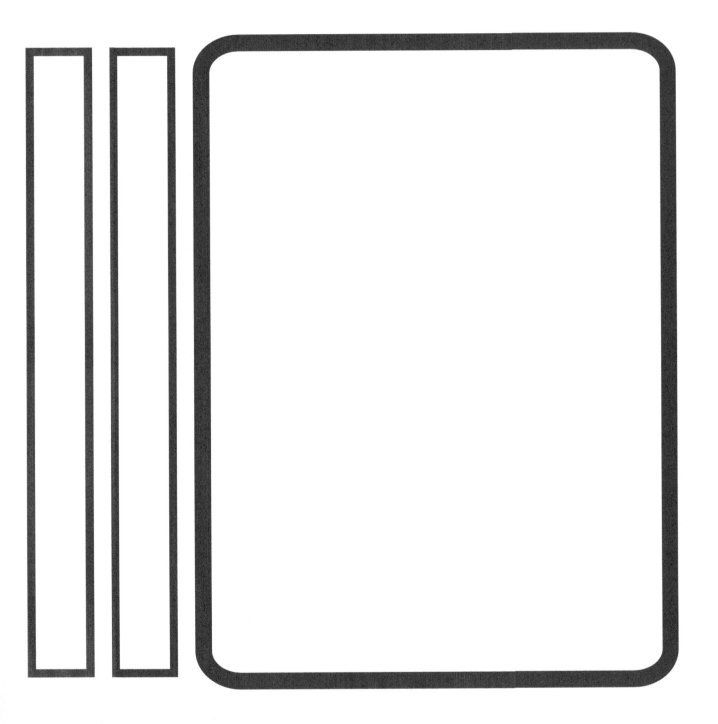

CUT & GLUE

COLOR 1 CUT OUT 2 GLUE 3

SHAPES

Color all the circles blue. How many are there? _____
Color all the triangles green. How many are there? _____
Color all the squares yellow. How many are there? _____
Color all the rectangles orange. How many are there? _____
Color all the stars red. How many are there? _____
Color all the rhombuses purple. How many are there? _____

COLOR COUNT GRAPH SHAPES

SHAPES

COLOR COUNT GRAPH

yellow ★ blue ○ pink □

TELLING TIME

How to tell time:
There are 60 minutes in an hour. There are two arrows on a clock called "hands." The short hand points to the hour. The long hand points to the minute.

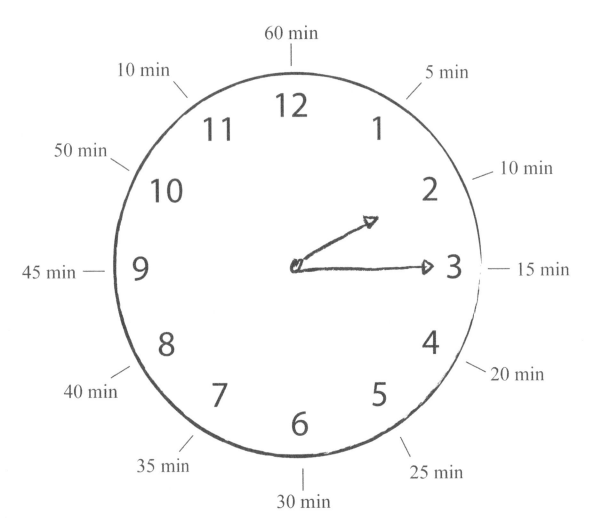

Look at the clock above. It says the time is **2:15**.
The short hand is the hour hand. Write the hour BEFORE the colon, like this:

2:_ _

The long hand is the minute hand. Each number on the clock represents 5 minutes. Starting at the 1, count by 5's to find the number of minutes. Write the minutes AFTER the colon, like this:

_ : 15

TELLING TIME

What time is it?
Write the time under each clock.

The HAMSTER OLYMPICS

What time is it? ____:____

Can you make the clock say 8:00?

Fill in the blanks.

Can you make the clock say 10:00?

Can you make the clock say 11:30?

TELLING TIME

What time is it?
Draw the hands on the clocks.

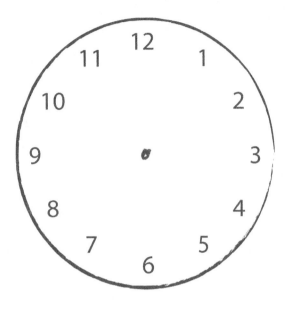
12:55

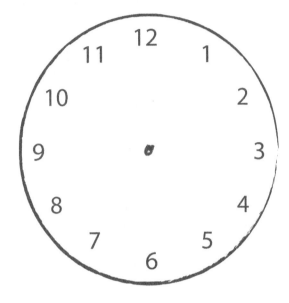
3:10

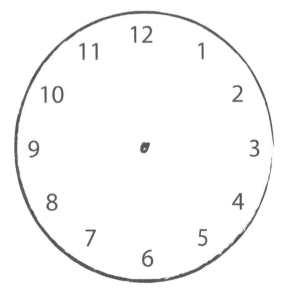
6:45

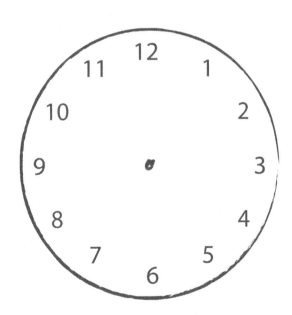
8:30

TELLING TIME

What time is it?
Write the time under each clock.

 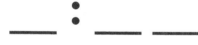

 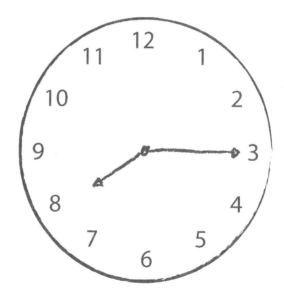

The EVIL SNAIL

Help the evil snail take over the world by keeping track of the time. He has to push the big red button by 5:00 or it will be too late!

He he he. I have until 5:00 to push the big red button and take over the world!

Can you make the clock say 5:00?

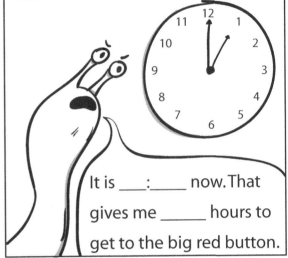

It is ____:____ now. That gives me ____ hours to get to the big red button.

Fill in the blanks.

There is the big red button! But time is running out. What time is it? ____:____.

Fill in the blanks.

I am so close! What time is it now? ____:____

Fill in the blanks.

Can you make the clock say 4:00?

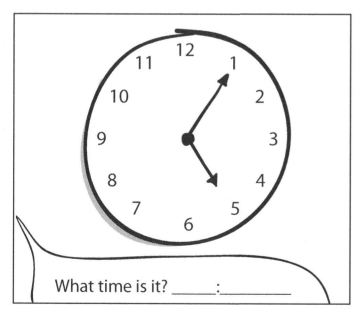

What time is it? _____ : _____

Fill in the blanks.

COUNTING BY 2

Treasure Hunt:
Each set of footprints represents two miles. Count by 2 to find out how many miles you have to walk to find the treasure.

How many miles did you have to walk? _____

COUNTING BY 5

Mountain Hike:
Each tree represents five miles. Count by 5 to find out how far you have to hike to reach the yeti.

How far did you have to hike? _____

COUNTING BY 10

Town Windows:
Each building has ten windows. Count by 10 to find out how many windows are in the town.

How many windows are in this town? _____

COUNTING BY 2

Bunny Hill:
Each burrow has two rabbits inside. Count by 2 to find out how many rabbits live in this hillside.

How many rabbits live here? _____

COUNTING BY 5

Ladybug Party:
Each ladybug has five spots on its back.
Count by 5 to find out how many spots are in the picture.

How many spots are in the picture? _____

COUNTING BY 10

Flower Garden:
Each flower has ten petals. Count by 10 to find out how many petals are in this garden.

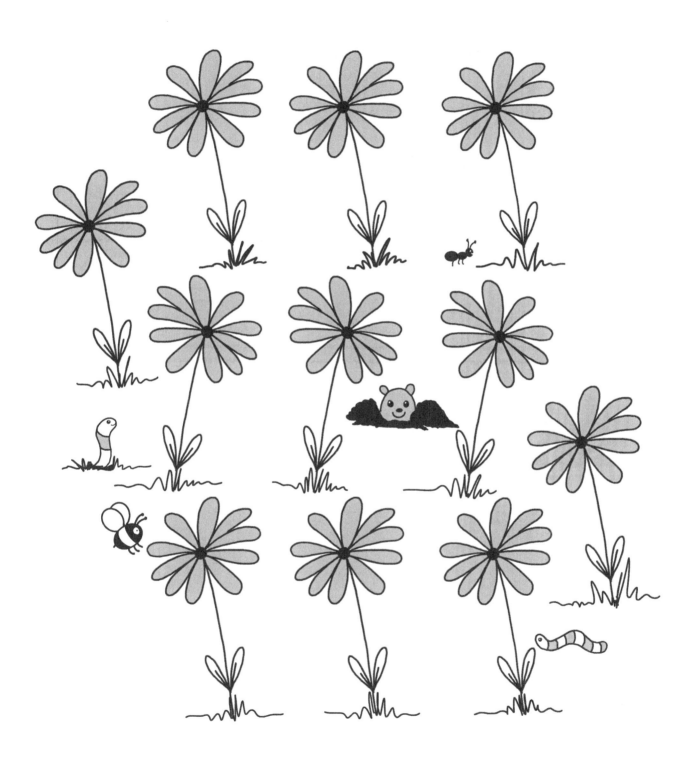

How many petals are in the flower garden? _____

MONEY

Penny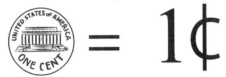

Dime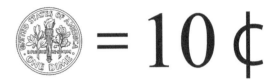

Nickel

Quarter

     =

  =

 =

MONEY

Arrr! How much money is in me chest?

_____ dollars

_____ cents

MONEY
Arrr! How much money do I have?

_____ dollars _____ cents

MONEY

How much money is in the jar?

_____ dollars _____ cents

MONEY

How much does each treat cost?

_____ cents   _____ cents   _____ cents

MONEY

How much does each toy cost?

_____ dollars _____ dollars _____ dollars

MONEY

How Many?

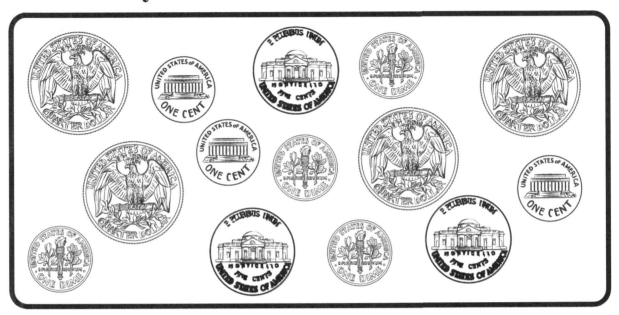

Quarters: _____   Dimes: _____   Nickles: _____

Pennies: _____

Dollars: _____   Quarters: _____   Dimes: _____

Nickles: _____   Pennies: _____

MONEY

How Many?

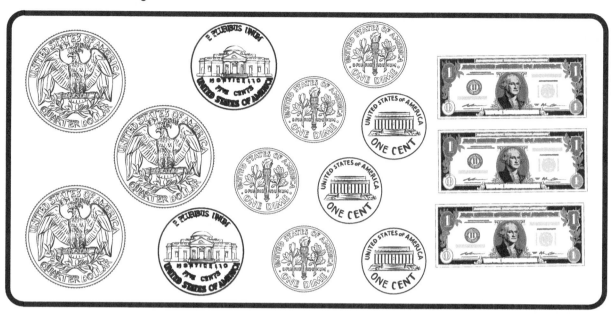

Dollars: _____   Quarters: _____   Dimes: _____

Nickles: _____   Pennies: _____

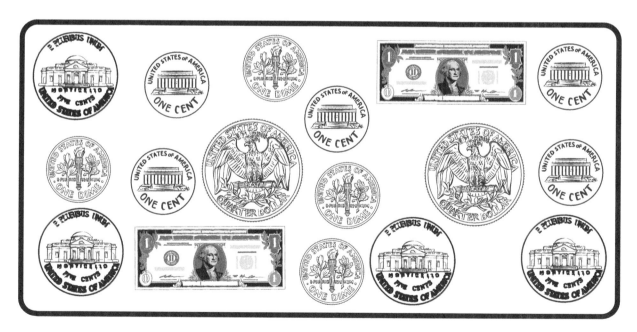

Dollars: _____   Quarters: _____   Dimes: _____

Nickles: _____   Pennies: _____

About Batch of Books

Batch of Books is a blog dedicated to finding great books for children and teens. We feature reading lists, giveaways, freebies, quizzes, and other fun content.

Visit us online at www.batchofbooks.com.

If you enjoyed this book, please consider leaving a review.

batchofbooks.com

PICTURE CREDITS

Cover front: background: Dena McMurdie, all images depositphotos—numbers: Kakigori, stars: fontgraf, **Back:** all images depositphotos— hearts, stars, sun, flowers, book: misterelements, cat: fearsonline, **Page 1:** all images depositphotos—pencil: misterelements, **3:** all images depositphotos—funny cartoon numbers: Kakigori, **4:** all images depositphotos—bear: alptekin109, dinosaur: izakowski, **5:** all images depositphotos—clock: blueringmedia, wave: Seamartini, **6:** all images depositphotos—corn: izakowski, wolves: artenot, **7:** all images depositphotos—boy and giant: stockakia, angry squirrel: ronleishman, **8:** depositphotos—bee: izakowski, elephant: Dena McMurdie, **9:** all images depositphotos—bee: HitToon, pirate: izakowski, **10-11:** ghost eating ice cream, witch with frog: Dena McMurdie, **12-21:** all images depositphotos—stars: fontgraf, space elements: ksenya_savva, superhero pets, stars: marish, farm animals: clairev, sea life animals: izakowski, arrows: orfeev, forest animals: JuliyaS, fruits and vegetables icons: anna42f, alphabet: JuliyaS, **22-23:** snake, giraffe: Dena McMurdie, **24-28:** all images despositphotos—sleeping cat: virinaflora, waves: Seamartini, dragon: ronleishman, birthday kid with gift: Katerina_Dav, toilet paper: lineartestpilot, dragon chef: den0909, wolf: JuliyaS, cat eating pizza: marumayfay, wolves: artenot, horse: virinaflora, **29:** depositphotos—sleeping horse: Natasha_Chetkova, prettygrafick—soup dish, **30-35:** all images depositphotos—whale, cow: izakowski, bee: izakowski, rabbit: virinaflora, unicorn: Cofeee, wolves, foxes, trees: JuliyaS, bat: izakowski, halloween doodles: mocoo2003, houses: StockerArt, skunk, deer, bear: JuliyaS, **36:** shapes: Dena McMurdie, **37:** pizzas, taco, stars, banner, ribbon, soda bottle, decorative elements: prettygrafick, **38-39:** all images depositphotos—strawberry, raspberry, apple, grapes: Nenilkime, travel elements: Helen_F, **40:** caterpillar: Dena McMurdie, **41:** depositphotos—robot elements: SketchMaster, **42-43:** all images by Dena McMurdie—frog and lilypads, bumblebee and flowers, **44-45:** all images depositphotos—house math game: yekaterinalim **46:** depositphotos—snakes: voron4ihina, board, shapes, bridges: Dena McMurdie, **50-63:** all images depositphotos—castle activity, ice cream activity, tractor activity, truck activity: ksenya_savva **65:** all images by Dena McMurdie—seek and find shapes, **66-69:** all images depositphotos—color count graph cupcake, color count graph ice cream, color count graph fish, color count graph princess: ksuklein, **70-83:** all images by Dena McMurdie—clocks, the hamster olympics comic, the evil snail comic, treasure map, mountain with yeti, buildings, hill with rabbit burrows, ladybug party, flower garden, **84-91:** all images depositphotos—coins: olgacov, bills: nazlisart, pirate, chest: darijashka, pirate octopus: clairev, jar: Lubianova, cupcake, ice cream, lolipop: Katerina_Dav, toy car, toy dinosaur, doll: clairev, **92:** depositphotos—cat: fearsonline.

ANSWER KEY

Addition:
Page 4: STUFFED, DINO-SNORE **5:** TIME FLY, WAVES **6:** POP CORN?, OWWWCH! **7:** BIG WORDS, NUT **8:** BUZZ CUT, TRUNKS **9:** HONEY COMB, ARRR! **10:** I SCREAM, SPELLING **11:** QUACK OF DAWN, WALK

12: WAND = 11, MAGIC = 13, WIZARD = 15 **13:** PLANET = 16, SPACE = 14, STAR = 8 **14:** BUNNY = 15, DOG = 13, KITTEN = 14 **15:** COW = 10, PIG = 9, DUCK = 9 **16:** BIG = 8, LITTLE = 13, MEDIUM = 18 **17:** UP = 4, DOWN = 15, UNDER = 18 **18:** FOX = 15, WOLF = 14, OWL = 9 **19:** BLUE = 10, PURPLE = 18, GREEN = 22

Subtraction:
Page 24: PURRPLE, SEA YOU **25:** FIRED UP, OLDER **26:** FLUSHED, TWO DRAGONS **27:** WHERE-WOLF, MOUTHS **28:** DINNER, YAY OR NEIGH **29:** WHINNY WANTS TO, QUACKERS **30:** SAND DOLLARS, GROUND BEEF **31:** HONEY BUNNY, ZEBRA

32: WOLF = 6, BAT = 16, FOX = 5 **33:** WITCH = 9, CAT = 15, SPELL = 6 **34:** HOUSE = 4, BARN = 9, SHED = 6 **35:** SKUNK = 11, DEER = 2, BEAR = 8 **36:** SQUARE = 2, CIRCLE = 1, OVAL = 9 **37:** PIZZA = 10, TACO = 10, DRINK = 5 **38:** APPLE = 6, GRAPE = 3, BERRY = 1 **39:** TRUCK = 10, VAN = 12, CAR = 12

Addition & Subtraction:
Page 40: 2,5,7,3 **41:** 10,8,12,11,13,8 **42:** 4,5,2,9 **43:** 4,2,9,6,8
44: Top left: 11-8+3+7=10, 11-5=6+4=10 top right: 3+7=10-4=6, 3+4=7-1=6 bottom left: 1+5=6-4=2, 1+8=9-7=2 bottom right: 8+2=10-9=1, 8-4=4-3=1 **45:** Top left: 4+4=8+2=10, 4-3=1+9=10 top right: 9+2=11-6=5, 9-3=6-1=5 bottom left: 7-4=3+3=6, 7-2=5+1=6 bottom right: 10-4=6+3=9, 10-2=8+1=9

Shapes:
Page 65: 10 circles, 7 triangles, 7 squares, 5 rectangles, 6 stars, 5 rhombuses

Telling Time:
(For this exercise, the short hand points directly at the hour instead of between numbers like it would on a real clock.)
Page 71: Left to right, top to bottom: 10:00, 6:50, 9:05, 7:55 **75:** 11:25, 4:40, 1:35, 8:15

Counting by 2, 5, & 10:
Page 78: 26 miles **79:** 35 miles **80:** 80 windows **81:** 26 rabbits **82:** 75 spots **83:** 110 petals

Money:
Page 85: 3 dollars, 86 cents **86:** 4 dollars, 53 cents **87:** 7 dollars, 67 cents **88:** cupcake: 42 cents, ice cream cone: 81 cents, lolipop: 73 cents **89:** car: 6 dollars, dinosaur: 4 dollars, doll: 7 dollars **90:** Top: 4 quarters, 4 dimes, 3 nickles, 3 pennies, bottom: 3 dollars, 1 quarter, 4 dimes, 3 nickles, 5 pennies **91:** Top: 3 dollars, 3 quarters, 4 dimes, 2 nickles, 3 pennies, bottom: 2 dollars, 2 quarters, 4 dimes, 4 nickles, 5 pennies

Made in the USA
Monee, IL
22 July 2023

39727293R00052